BEI GRIN MACHT SICH IHR WISSEN BEZAHLT

- Wir veröffentlichen Ihre Hausarbeit,
  Bachelor- und Masterarbeit

- Ihr eigenes eBook und Buch -
  weltweit in allen wichtigen Shops

- Verdienen Sie an jedem Verkauf

Jetzt bei www.GRIN.com hochladen
und kostenlos publizieren

Badir Bayramov

Defekte Demokratie in Russland

Inwiefern ist das heutige Russland eine defekte Demokratie?

GRIN Verlag

Bibliografische Information der Deutschen Nationalbibliothek:

Die Deutsche Bibliothek verzeichnet diese Publikation in der Deutschen National-
bibliografie; detaillierte bibliografische Daten sind im Internet über http://dnb.d-
nb.de/ abrufbar.

Impressum:

Copyright © 2012 GRIN Verlag GmbH
Druck und Bindung: Books on Demand GmbH, Norderstedt Germany
ISBN: 978-3-656-31224-6

Dieses Buch bei GRIN:

http://www.grin.com/de/e-book/204389/defekte-demokratie-in-russland

GRIN - Your knowledge has value

Der GRIN Verlag publiziert seit 1998 wissenschaftliche Arbeiten von Studenten, Hochschullehrern und anderen Akademikern als eBook und gedrucktes Buch. Die Verlagswebsite www.grin.com ist die ideale Plattform zur Veröffentlichung von Hausarbeiten, Abschlussarbeiten, wissenschaftlichen Aufsätzen, Dissertationen und Fachbüchern.

Besuchen Sie uns im Internet:

http://www.grin.com/

http://www.facebook.com/grincom

http://www.twitter.com/grin_com

Hausarbeit

Inwiefern ist das heutige Russland eine defekte Demokratie?

Hausarbeit zum Seminar
„Einführung in die Vergleichende Politikwissenschaft"
im Sommersemester 2012

Eingerichtet von:

Badir Bayramov

Inhaltsverzeichnis

1) Einleitung: Demokratie und Scheindemokratie

Man geht wohl nicht zu weit, wenn man behauptet, dass die Begriffe Demokratie und Freiheit die wohl am häufigsten missbrauchten politischen Begriffe des 20. und 21. Jahrhunderts sind. Denn formal betrachtet hatten und haben viele Staaten eine demokratische Verfassung, die politische Praxis artet jedoch oftmals zum Gegenteil der demokratischen Idee aus – von der Deutschen Demokratischen Republik bis zur demokratischen Republik Iran bis zur „gelenkten Demokratie" im gegenwärtigen Russland. Worin besteht nun die ursprüngliche Idee der Demokratie, und worin bestehen ihre wesentlichen Merkmale? Und davon ausgehend: Wie lassen sich dysfunktionale oder Schein-Demokratien beschreiben? Auf welche Unterscheidungen kommt es hierbei an? Und wie können wir das gegenwärtige russische System in diesen Zusammenhang bringen?

Wir behandeln die in den Politikwissenschaften kursierenden Fachbegriffe – von der ‚defekten' bis zur ‚gelenkten' Demokratie – gleichwertig und befassen uns zunächst mit der basalen Idee der Demokratie, wie sie in der Antike als Herrschaftspraxis und als Theorie ausformuliert wurde und aus dieser für die Gegenwart ‚extrahiert' werden kann, und versuchen eine Brücke zur obigen Frage zu bauen. Wir wollen knapp darstellen, an welchen Aspekten sich der dysfunktionale Charakter der demokratischen Verfasstheit Russlands allererst festmachen lässt, verweisen aber zugleich auf das generelle Problem der politischen Dysfunktionalität auch bei der Verwirklichung westlicher ‚realer' Demokratien. Gerade deshalb fokussieren wir uns auf die ursprüngliche Idee der Demokratie. Ein in dem Zusammenhang mit der Dysfunktionalität zu nennender wichtiger Punkt, der hier aus Platzgründen nicht ausführlich dargestellt werden kann, ist beispielsweise die systemische Verflechtung kapitalistischer Ökonomie mit der Entwicklung von Demokratiedefiziten – auch dies bezieht sich im Grunde auf alle heutigen Demokratieformen (Stichwort: ökonomische Krisen als lang-/mittelfristige Gefahr für die Demokratie, d.h. als Untergrabung der demokratischen Volkssouveränität z.B. durch die auferzwungene Vergesellschaftung der Verluste durch Spekulationen oder generell durch natürliche Krisenereignisse, wie z.B. Rohstoffkrisen).

2) Die ursprüngliche Idee der Demokratie

Demos bedeutet so viel wie Volk oder Bevölkerung, und kratios bedeutet Herrschaft, d.h. Demokratie bezieht sich auf die Herrschaft des Volkes. Die demokratische Idee, die Idee der Volksherrschaft, lässt sich seit der Antike nachverfolgen und ist im Zusammenhang mit der geopolitischen Entwicklung Athens zu sehen. Aber auch wirtschaftliche Faktoren spielen eine große Rolle. Die Inauguration der attischen Ur-Demokratie durch Solon war eine Reaktion auf die ausufernde Feudalherrschaft und die Verarmung bzw. Versklavung vieler Athener Kleinbauern aufgrund von Verschuldung. Solon führte ein demokratisches Herrschaftssystem ein, das den politischen Einfluss der Eliten begrenzte und die Steuerabgaben der Bürger gemäß Ertrag staffelte. Er schaffte nicht das oligarchische System ab, sondern mäßigte es und führte durch Zufallsloswahlen für Amtsposten das Moment der Kontingenz in den Herrschaftsprozess ein.

Die Entwicklung der Demokratie ist keineswegs als lineare Entwicklung von Tyrannis zu Demokratie usw. zu verstehen. Schon Aristoteles waren die unterschiedlichsten politischen Systeme, welche die griechische Kolonialgeschichte hervorgebracht hatte, bekannt. Er unterscheidet in seiner politischen Philosophie zwischen 6 Arten der politischen Verfassung eines Staates:

Macht geht an...	gemeinsamer Nutzen	Nutzen für Herrschende
...Einen	Monarchie	Tyrannis
...Wenige	Aristokratie	Oligarchie
...Viele	Politie	Demokratie (>Ochlokratie)

Die mittlere Spalte erachtet Aristoteles von oben nach unten als zunehmend gute Verfassungen. Er geht bei Monarchie und Aristokratie von einer dem Gemeinwohl verpflichteten Machtelite aus – etwas, das einem aus heutiger kapitalistisch verbrämter Sicht zynisch vorkommen mag, aber zur Zeit Aristoteles' in präkapitalistischer Handelsgesellschaft in Stadtstaaten gleich Athen als Unterscheidungskriterium zulässig ist (bei Stadtstaaten dieser Zeit meint man bei ,Herrschern' im Grunde etwas wie ,Bürgermeister'). Die rechte Spalte bezeichnet Verfassungen, die der Idee des guten Lebens aller, d.h. dem eigentlichen Zweck eines Staatswesens, zuwider laufen. Es ist interessant, dass Aristoteles die Demokratie als etwas ansieht, was nicht dem Gemeinwohl, sondern den Herrschenden dient: diese Herrschenden sind die Masse der Bürger, die keinerlei Kontrolle unterliegen und somit nach Aristoteles den rechten Pfad staatlicher Ethik nicht finden können. Wie schon annähernd

2

Platon, der im ‚Staat' eine Herrschaft von Philosophenkönigen avisiert und die Demokratie als schlechte Verfassungsform verwirft, bevorzugt Aristoteles daher die Politie, eine Mischform aus Demokratie und Oligarchie, d.h. die Herrschaft der wenigen Edlen über eine freie Bürgerschaft und zum Nutzen aller. Dies beschreibt im Grunde eine Vorform der repräsentativen Demokratie im heutigen Verständnis: eine politische Elite bestimmt über die Geschicke des Landes, ist aber zugleich an die verfassungsgebenden Organe gebunden und kann daher abgewählt werden. Zugleich ist der direkte Zugriff des Volkes auf politische Entscheidungen unterbunden. Die von Aristoteles als alleinig von der Masse gelenkt gedachte Demokratie führt dagegen nach letztlich zur Ochlokratie, d.h. zu einer unkontrollierten Herrschaft des Mob, in der jeder nur seinen Partikularinteressen nachgeht und politisches Leben daher unmöglich macht (also eine Art ‚Ich-Lobby-Staat' der Unterprivilegierten). Der Zweck des Staates ist nach Aristoteles das gute Leben, und dieses kann nicht durch das ‚blinde' Zusammenwirken Vieler entstehen, denn nicht alle haben die gleiche Reife und den entsprechenden Erkenntnisstand, um eine tugendhafte Gesellschaft begründen zu können: die Unwissenden, Unreifen, Unterprivilegierten und Armen sind stets in der Mehrheit und bestimmen damit in der Demokratie auch die Geschicke der ‚Tüchtigen'. Daher benötigt ein idealer Verfassungsstaat aus aristotelischer Sicht eine ordnungspolitische Elite – bei Platon sind dies die herrschenden Philosophenkönige in seinem Utopiestaat, bei Aristoteles sind dies die Eliten in der Politie.

Es sollte annähernd deutlich geworden sein, dass sich im Hinblick auf diese ursprüngliche Fassung politischer Systeme durch Aristoteles auch heutige demokratische und scheindemokratische Systeme grob einordnen lassen, wobei diese dann zwischen Oligarchie, Ochlokratie, Politie und Tyrannis schwanken – die Gegenwart kennt sogar die parlamentarische Monarchie als Form der Demokratie. Dennoch sollten wir uns, wenn wir uns ihre obigen Ursprünge nochmals vergegenwärtigen, zunächst die Hauptmerkmale der demokratischen Idee anführen – phänomenologisch gesprochen: dem Wesen oder Kern einer demokratischen Verfasstheit –, um sie dann idealtypisch mit dem russischen System abzugleichen:

a) **Streuung/Nivellierung des Machtapparates**: Zunächst bei Solon durch die Umschichtung der Entscheidungsträger hin zu den freien Bürgern weg von den Aristokratenfamilien, später lange nach der Französischen Revolution in modernen Demokratien zumeist ausgedrückt in der Gewaltenteilung oder in der Verbreiterung der Wählerschichten (Frauen, Ausländer, Jugendliche ab 21 usw.) – inwiefern man repräsentative Elitenverwaltungen, legislative

Technokraten an der Macht hat oder nicht (z.B. Mario Monti in Italien 2011 kann als überparteilicher Ministerpräsident durchaus als demokratisches Problem aufgefasst werden, genauso wie große Koalitionen, da sie der Nivellierung der Macht zuwiderlaufen), sei hier zunächst nicht entscheidend, solange die Machtelite an die verfassungsgebenden Organe gebunden ist. Das Moment der Gleichheit und Gerechtigkeit ist in diesem Aspekt ebenfalls enthalten.

b) **Moment der Kontingenz** – d.h. Macht ist nicht mehr ‚ewig' an eine Familie oder Dynastie gebunden, sondern wechselt je nach Wahlentscheidung bzw. durch das Verfahren der Zufallslose oder andere indirekte oder direkte Verfahren der politischen Repräsentation. Wahlen sind ein Moment der Kontingenz, da sie idealerweise ergebnisoffen sind und sofern sie frei sind, d.h. die Freiheit ist ein wichtiger Aspekt der Kontingenz der Macht, wie sie für Demokratien typisch ist. Die Kontingenz der Macht ist ein zentrales Element für ein demokratisches Verständnis, und vor allem Politiker, die Schwierigkeiten haben, nach Verfehlungen abzutreten, Niederlagen einzugestehen oder die gegebenen Zyklen von Legislaturperioden zu akzeptieren (von Berlusconi, Schröder bis Chavez oder Putin), haben Schwierigkeiten, diese demokratische Eigenheit vorzuleben.

Diese zwei Wesensmerkmale sollen hier zunächst argumentationslogisch unabhängig von den modernen formalen Definitionen einer demokratischen Verfassung separiert betrachtet werden. Formale Definitionen setzen z.B. Rechtsstaatlichkeit, Volkssouveränität, Parlamente, Meinungsfreiheit usw. voraus. Wir setzen hier dagegen ganz basale Merkmale voran, denn Rechtsstaatlichkeit setzt ja die Nivellierung des Staatsapparates voraus: ein Tyrann benötigt kein ‚Recht', er schafft es durch Tat, das macht ihn ja zum Tyrannen. Besteht eine Nivellierung des Machtapparates (wie etwa durch Solons Eingriff in die Verfassung), folgen verschiedene formale Aspekte notwendigerweise daraus. Meinungsfreiheit bedeutet ja nichts anderes, als dass jeder, der frei sprechen möchte, dies tun kann, aber frei Sprechen ist nur in einem nivellierten System überhaupt gewährleistet. Auch Souveränität ist als formales Argument kein zureichendes Merkmal, denn auch Diktaturen sind souverän, und auch Diktaturen haben Parlamente (z.B. Iran), und die Volkssouveränität kann in der formalen Repräsentation durch eine Regierung delegiert worden sein; auch sind in parlamentarischen Monarchien die Monarchen die eigentlichen Souveräne.
Wir gehen hier von zwei aus der Antike abgeleiteten basalen Ideen der Demokratie aus, und versuchen zu erörtern – ohne nähere Diskussion der formalen staatsrechtlichen Ansprüche –,

ob diese Ideen in einem gegebenen politischen System verwirklicht ist oder nicht.

Innerhalb der Politikwissenschaften bezeichnet die formale Definition einer Demokratie „zumeist formal die Beschlußfassung einer Bevölkerungsmehrheit, die sich in den durch allgemeine, freie, geheime und gleiche Wahlen bestimmten Repräsentanten und entsprechenden Institutionen darstellt". Wie aber der Autor sofort im Anschluss suggeriert, ist selbst diese triviale Definition im Abgleich mit der politischen Wirklichkeit konfliktreich. Wir fokussieren daher auf obige beide Merkmale für die Diskussion des gegenwärtigen politischen Systems in Russland, denn formal gesehen ist Russland eine ‚lupenreine' Demokratie und Putin ein „lupenreiner Demokrat" (Gerhard Schröder). Wie sieht aber die nicht-formale politische Wirklichkeit aus?

3) Russlands post-/sozialistische Entwicklung & das „System Putin"

Man kann heute das ‚System Putin' nur verstehen, wenn man sich die historische Entwicklung Russlands vergegenwärtigt. Obwohl nationale russische Sentimente und Äußerungen weit in die Vergangenheit reichen, hat es bis zu den 1990er Jahren keinen Nationalstaat ‚Russland' gegeben. Die meisten europäischen Nationen gründeten sich im Verlauf des 19. Jahrhunderts – Deutschland etwa im Jahre 1871 –, und mit diesen Gründungen ging auch der Kampf gegen die monarchischen Institutionen und die Emanzipierung der Bourgeoisie einher.

Für Jahrhunderte herrschte auf dem Gebiet des heutigen Russlands ein Zarenreich, das nicht als Staatsnation oder Nationalstaat konzipiert war (also keine Vorstellung eines nationalen Volkssouveräns kannte), und das keinerlei demokratische oder menschenrechtsbezogene Entwicklungen ermöglicht hatte (vergleichbar zu den absolutistischen Monarchien im restlichen Europa). Auch die Bourgeoisie war weder entwickelt noch emanzipiert – abgesehen von städtischen intellektuellen Kreisen. Russland war ein größtenteils rurales Land mit unterentwickelter Industrie, das zentral regiert wurde. Mit der Revolution von 1917 installierte sich unter Lenin und den Bolschewiki ein basisdemokratisches Räte- bzw. Sowjetsystem, das bald zum ‚Sozialismus in einem Staate' und einem stalinistischen Polizeisystem gerann, in dem die ursprünglichen Ideale der Revolution im nicht-hegelschen Sinne aufgehoben waren. Der im Leninismus zunächst praktizierte demokratische Zentralismus bezog sich nicht auf die oben diskutierte attische Idee der Demokratie, sondern auf den hierarchischen Entscheidungsbildungsprozess auf verschiedenen Ebenen der Räteversammlungen. Das stalinistische Staatsmodell wurde schließlich im Rahmen der politischen Folgen des 2.Weltkrieges zur Machtgrundlage des künftigen ‚Ostblocks'. Es gab also in Russland keinerlei historische Erfahrung mit Demokratie, die als Wissen oder Wert innerhalb von Familien hätte tradiert oder in Form von demokratischem Aktivismus inauguriert werden können.

Der heutige politische Verfassungsrahmen Russlands ist direkte Folge einer Verfassungs- und Staatskrise vom September 1993, als ein Interessens- und Kompetenzkonflikt zwischen dem Parlament und dem damaligen Präsidenten Boris Jeltsin entbrannte, der schließlich zu einem militärischen Einsatz gegen das ‚Weiße Haus' in Moskau führte und führende Parlamentarier, die gegen Jeltsin waren, verhaftet wurden (Jeltsin selbst hatte 1991 einen Putsch kommunistischer Altkader erfolgreich abwenden können). Noch im Dezember 1993 wurde die heute noch gültige Verfassung verabschiedet, die dem Präsidenten zusätzliche Vollmachten zugestand und seine Position gegenüber dem Parlament stärkte. Diese

Entwicklung aus der Krise hat zum formal-demokratischen Rahmen der gegenwärtigen russischen Politik geführt, die innerhalb einer semi-präsidialen föderalen republikanischen Verfassungsrahmens stattfindet. Der Präsident ist Staatsoberhaupt und übersieht ein Mehrparteiensystem mit einer Regierung und einem Premier an seiner Spitze, das exekutive Aufgaben innehat. Die Legislative wird von den zwei Häusern der Generalversammlung der russischen Föderation gebildet – Föderationsrat und Duma. Legislative und exekutive Kompetenzen überschneiden sich hierbei zwischen Präsident und Regierung/Duma.

Jeltsin war es, der später den ehemaligen Geheimdienstchef und damaligen Ministerpräsidenten Vladimir Putin als Nachfolger installierte. Die Politik der ‚starken Hand' – oder wie man die Stabilisierung der Ordnungmacht bezeichnen soll – samt ihrer Demokratiedefizite hat ihren formalen Ausgangspunkt in dieser politischen Entwicklung. Hinzu kommen noch Effekte der Machtsolidierung durch internationale Krisen und Konflikte, wie etwa der Tschetschenienkonflikt, Terroranschläge und die monetäre Krise, die allesamt in der Bevölkerung den Wunsch nach einer soliden Machtgrundlage befördern. Auch wenn es immer noch starke Interessenskonflikte zwischen Duma und Regierungs- bzw. Präsidialinitiativen gibt, ist es dennoch unbestreitbar, dass sich die politische Szene in Russland, verglichen mit 1993, ‚beruhigt' hat, die Frage ist allerdings: auf welche bzw. wessen Kosten?

In einem Washington Post Artikel zum Jahrestag des oben erwähnten versuchten Staatsstreichs durch alt-kommunistische Kader im Jahre 1991, resümieren die Autoren die politische Entwicklung in Russland wie folgt:

> *„Today, Vladimir Putin presides over an authoritarian government (...). Occasional demonstrations in favor of democracy are small and largely ignored, except by the police.(...) (E)lections are not fair, courts are not independent, political opposition is not tolerated and the reformers are widely blamed for what has gone wrong. (...) Today, Russia works on bribes, and Putin's opponents call his United Russia party the party of crooks and thieves. People can say whatever they want to one another, unlike in Soviet times when they feared the secret police knocking in the middle of the night, but television is controlled and any opposition is publicly invisible. (...) Many Russians despair about their country, its prospects and their own, but they say little and do less. (...) Only a tiny percentage of the population takes part in civil society, about 1.5 or 2*

percent, at the level of statistical error."

Auch viele andere Experten teilen die Ansicht darüber, dass wir es gegenwärtig in Russland mit einem ‚defekten' oder scheindemokratischen System zu tun haben, einer ‚gelenkten' Demokratie oder einer ‚hybriden' Form von autoritärem Regime mit demokratischen Elementen. Nach Ansicht der Bundeszentrale für Politische Bildung ist das ‚System Putin' „eine Mischung aus Autokratie und Oligarchie." Bandelow (2010) unterscheidet hierbei verschiedene Aspekte, die zum Defekt führen bzw. diesen aufrecht erhalten:

– den exklusiven Aspekt (eingeschränkter Zugang zu Wahlen)
– den illiberalen Aspekt (Beschneidung von Freiheitsrechten)
– den delegativen Aspekt (Regierung nimmt Einfluss auf die Justiz, Medien)
– den Enklavenaspekt (selbst-legitimierter Eingriff in militärische und ökonomische Belange)

Dieser typischen westlichen Einschätzung des System stehen paradox anmutende, rekordverdächtige Beliebtheitswerte des Präsidenten gegenüber. Dieses Paradox löst sich aber psychologisch dahingehend auf, dass Menschen, die jegliche Hoffnung auf politische Emanzipation an ein System delegiert haben, ihre Hoffnung auf einen starken Führer symbolisch projizieren. Man akzeptiert die starke Regierung nicht als etwas Gewähltes, sondern Gegebenes, nahezu Übernatürliches, und respektiert dann entsprechend den Staatschef bzw. das Macht-Tandem Putin/Medvedev gleich auserwählte Boten oder Technokraten, die die Geschicke Russlands in der Weltgeschichte richten. Persönliches politisches Engagement tendiert in dieser Situation zunehmend gegen Null, wie oben im Zitat angeführt (1,5% entspricht ja der statistischen Unsicherheitsmarge). Zudem spricht vermutlich der Anspruch Putins und Medvedevs, Russland als geostrategische Weltmacht zu positionieren auch dem kleinbürgerlichen Chauvinismus/Nationalismus vieler Bürger. Das Anbandeln der Macht mit der Nationalreligion (und umgekehrt) stärkte zudem die Verankerung der Partei Vereinigtes Russland und dem Regierungsapparat samt Präsidenten in der Bevölkerung. Das System Putin vertritt demnach symbolisch nicht nur die säkularen, sondern letztlich auch die sakralen Interessen des russischen Volkes. Vergleichbare Einbettungen/Verfilzungen kennt man aus deutscher Perspektive allenfalls in dem Machtapparat der bayerischen CSU in den 1980er und 1990er Jahren, als die Partei Strauß' nicht nur zu Putins Partei vergleichbare Wahlergebnisse einholte, sondern in eben gleicher Weise die katholische und bayerische Tradition als identitätsstiftendes Merkmal mit der Partei in Deckung bringen konnte: CSU wählen und Bayer sein wurden gewissermaßen ‚Synonyme'. Ähnlich kann man sich den Prozess in Russland vorstellen, nur kommen hier andere historische Entwicklungen und Radikalisierungen zum Tragen. Das ‚System Putin' baut nicht nur auf eine neue nationalstaatlich konzipierte föderale Verfassung, sondern bildet darüber hinaus ein symbolisches Konglomerat aus verschiedenen Phasen russischer/sowjetischer Geschichte:

– Zum einen sieht es sich als bürgerliche Fortsetzung zaristischer Traditionen, wie dies etwa vor Jahren in der aufwendig inszenierten Umbettung der Zarenfamilie deutlich geworden ist. Das Zarenreich wird mit derlei Symbolpolitik als historischer Bewusstseinshorizont einer gesamtrussischen Tradition integriert, die allen historischen Herausforderungen getrotzt hat.

– Dies zeigt sich auch in der offiziellen Hinwendung des Machtapparates zur bzw. ‚Verbrüderung' mit der russischen Orthodoxie – einem exklusiv russischen Identitätsmerkmal–, nur reicht die Orthodoxie als kultureller ‚Beleg' noch viel weiter in die Vergangenheit als der Zarismus und vermittelt daher ein wesentlich tiefer und weiter ansetzenden symbolischen Identitätsanspruch.

– Zuletzt erfindet sich das System Putin aber auch als Fortsetzung der Sowjetunion, wie dies etwa in dem wiederholt formulierten und symbolisch inszenierten Anspruch auf eine Vormachtstellung Russlands in der Weltpolitik zum Tragen kommt.

Dieses symbolpolitische Konglomerat oder Hybrid bildet die Grundlage der Machtpolitik Putins, und es ist gegenwärtig nicht abzusehen, wo und wann Veränderungsprozesse greifen könnten, die zu einer Demokratisierung des Systems beitragen könnten. Denn aus allen drei Punkten wird sofort ersichtlich, dass sie mit einem Prozess der Demokratisierung nichts gemein haben – im Gegenteil: Kirche, Zarenreich und Sowjetunion sind Antithesen zur Demokratie, dennoch dienen sie als symbolische Grundlage der russischen Machtpolitik. Um auf unsere beiden Aspekte zu kommen:

– Die Nivellierung/Streuung der Macht hat sich seit der Krise von 1993 zunehmend reduziert, was sich allein schon am staatlichen Medienapparat ablesen lässt, der oppositionellen Bewegungen keinerlei Zugang ermöglicht. Zudem wurde das Versammlungsrecht beschränkt. Ferner ist der seit Jahren vor sich gehende Rotation zwischen Putin und Medvedev auf den

Posten von Präsident und Regierungschef ein entscheidender Faktor, der gegen die Streuung der Macht spricht. Denn das immer gleiche Personal bindet immer mehr loyale Anhänger um sich und positioniert sie im Staatsapparat, was zu einer weiteren ‚Verfilzung' des Systems mit eigenen Lobbyisten führt. Demonstrative politische Schauprozesse, vom Fall des Industriemagnaten Chodorovski bis hin zur Verurteilung der feministischen Punkgruppe Pussy Riot, lassen zudem den Verdacht sich verhärten, dass die Justiz in der Verfilzung von Macht, Einfluss und Interesse involviert ist – was in diesem Text vereinfachend allgemein als ‚System Putin' bezeichnet worden ist.

– Was das Problem der Kontingenz der Macht als Demokratiemerkmal angeht, so ist wohl der entscheidende Punkt die seit Jahren vor sich gehende Rotation zwischen Putin und Medvedev auf den Posten von Präsident und Regierungschef, die einer dynastischen Verteilung von Macht nahekommt. Denn diesem Vorgehen ist verfassungsrechtlich keine Schranke gesetzt, solange die Obergrenze von jeweils zwei Legislaturperioden in Folge nicht überschritten wird. Aber es ist mit der weiteren Solidierung der Macht auch vorstellbar, dass diese Obergrenze eines Tages per Gesetz aufgehoben wird, wenn die notwendige Mehrheiten im Parlament gesichert werden kann.

4) Fazit

Es wäre spekulativ, darüber zu räsonieren, ob die ursprünglichen griechischen ‚Urheber' der Demokratie heute das System Putin mit seinen Polit- und Wirtschaftseliten vor westlichen Demokratieformen bevorzugen würden, denn Kontrolle und Fokussierung der Macht auf Wenige scheint sowohl für Platon als auch für Aristoteles als äußerst wichtiges Merkmal der Herrschaftsausübung vorrangig gewesen zu sein. Die unkontrollierbare Masse muss offenbar in Schranken gehalten werden, um das Gemeinwohl im Staat aufrecht zu erhalten – aber gerade dieses ordnungspolitische Argument konnte damals und wurde auch in der Moderne für jeden Machtmissbrauch hergehalten. Ähnlich klingen entsprechend die Parolen der Putinschen Ordnungsmacht, die ihren Machterhalt mit dem Wohle Russlands verknüpft – Putins Partei heißt schließlich ‚Geeintes Russland' – und so ihre Anhänger um sich schart. Formal mag Russland eine Demokratie sein, in seinem Kern ist es entweder post- oder prädemokratisch, denn die demokratischen Funktionen werden lediglich zum Machterhalt einer bestimmten Elite genutzt, die sich der Unterstützung eines großen Teils der Bevölkerung sicher sein kann, solange die Symbole der Macht und der Mächtigkeit ihre mediale Wirkung entfalten.

5) Literaturverzeichnis

Mommsen, Margareta und Nußberger Angelika (2009). Gelenkte Demokratie und politische Justiz in Russland. München: Verlag Beck

Vorländer, Hans (2003). Demokratie. München: Beck Wissen

Demirovic, Alex (2007). Demokratie in der Wirtschaft. Münster: Westfälisches Dampfboot

Wood, E. M (1995). Democracy Against Capitalism: Renewing historical materialism. Cambridge, New York: Cambridge University Press

Bleicken, Jochen (1995). Die athenische Demokratie. Paderborn: F. Schöningh

Tsigarida, Isabella (2006). Solon - Begründer der Demokratie? Eine Untersuchung der sogenannten Mischverfassung Solons von Athen und deren demokratischer Bestandteile. Bern u.a.: Peter Lang/Bern

Ehrenberg, Victor (1973). From Solon to Socrates: Greek History and Civilization during the sixth and fifth centuries B.C. London: Methuen

David Held (2006). Models of Democracy. Cambridge: Polity Press

Truhlar, Dalibor (2006). Demokratismus – Philosophie der demokratischen Weltanschauung. Frankfurt/Main: Peter Lang

Kielmansegg, Peter Graf (1977). Volkssouveränität: e. Unters. D. Bedingungen demokrat. Legitimität. Stuttgart: Klett

Schneider, Eberhard (2001). Das politische System der Russischen Föderation. Eine Einführung. Wiesbaden: VS Verlag für Sozialwissenschaften, 2. Auflage

Mommsen, Margareta (2010). Das politische System Rußlands, in: Ismayr, Wolfgang (Hrsg.): Die politischen Systeme Osteuropas. 3. Auflage, Opladen: Leske + Budrich, S. 419-478.

(MBO-1028, 2. Auflage);

Schultz, Stephan (2010). 'Peak Oil' and the German Government. Military Study Warns of a Potentially Drastic Oil Crisis. In: SPIEGEL ONLINE INTERNATIONAL, 09/01/2010. Online: http://www.spiegel.de/international/germany/peak-oil-and-the-german-government-military-study-warns-of-a-potentially-drastic-oil-crisis-a-715138.html; zugegriffen am 28.08.2012

Lambrecht, Lars. Demokratie, in: H. J. Sandkühler (Hg.): Enzyklopädie Philosophie, Hamburg 1999. Online: http://www.unesco-phil.uni-bremen.de/Texte%20zur%20Vorlesung/Demokratie-EPh.pdf; zugegriffen am 30.08.2012

Nils C. Bandelow (2010). „Vergleichende Regierungslehre Defekte Demokratie am Beispiel Russlands", Vorlesungsmaterial, Braunschweig, 2010. Online: https://www.tu-braunschweig.de/Medien-DB/isw/vr201009.pdf; zugegriffen am 21.08.2012

Lally, Kathy & Englund, Will (2011). „Russia, once almost a democracy", August 19, 2011, http://www.washingtonpost.com/world/russia-once-almost-a-democracy/2011/08/12/gIQAMriNOJ_story.html; zugegriffen am 21.08.2012

Gil-Robles, Alvaro (2004). "Report by Mr Alvaro Gil-Robles, Commissioner for Human Rights, on his visits to the Russian Federation". Council of Europe. Online: https://wcd.coe.int/ViewDoc.jsp?id=846655; zugegriffen am 30.08.2012

13